Sophie Brissaud

DIABÈTE

25 DESSERTS PLAISIR

Préface du Professeur André Grimaldi
Conseils nutrition Magali Baudot
Direction d'ouvrage Stéphanie Honoré

Photographies de Martin Balme
Stylisme de Lucie Dauchy

SANOFI

Pionnier dans le diabète depuis 1923

Depuis 1923, Sanofi est pionnier dans la recherche de solutions pour lutter contre le diabète. Grâce à notre approche centrée sur le patient, nous contribuons activement à l'amélioration de sa prise en charge.

Notre mission : aider chaque personne atteinte de diabète à mieux gérer sa maladie, car nous sommes conscients qu'il y a toujours plus à faire dans ce domaine.

Notre souhait : devenir votre partenaire à part entière et vous donner accès à des solutions qui vous permettent de gérer votre diabète sereinement au quotidien.

SANOFI DIABÈTE

Direction d'ouvrage et coordination éditoriale : Stéphanie Honoré

Conception graphique, réalisation et production photographique : Babylone[19]

Connectez-vous sur www.editionsdelamartiniere.fr

ISBN : 978-2-7324-6322-3

Préface
d'André Grimaldi

Diabétologue, professeur émérite CHU Pitié-Salpêtrière
Service de diabétologie du Pr Agnès Hartemann

Le diabète dit de type 2 se répand de façon épidémique.
Plus de 300 millions dans le monde. En France, 3 millions et une augmentation de 5 % par an.

Les raisons évoquées sont notamment les « perturbateurs endocriniens », on met en cause le vieillissement de la population. Mais le développement du diabète s'explique surtout par l'accroissement de la sédentarité et l'augmentation de l'obésité, au point que deux fois de suite l'espérance de vie a diminué aux États-Unis.

Les gènes de l'espèce humaine ont été sélectionnés pendant des millénaires par la capacité à résister à la disette et à développer des efforts musculaires importants. Or, nous avons dominé la nature au point de créer des sociétés d'abondance alimentaire et de mécanisation du travail physique. Nous avons acquis la possibilité de changer profondément notre environnement en une ou deux générations, alors que la sélection naturelle est beaucoup plus lente. Et voilà que notre victoire sur les contraintes de la nature se retourne contre nous. Du coup, certains rêvent d'adapter notre patrimoine génétique au nouvel environnement. Progrès ou folie ? Rêve qui, s'il devenait réalité, pourrait bien tourner au cauchemar ! Nous voici donc contraints à la sagesse. Nous voulons être maîtres de la nature mais elle nous rappelle que nous lui appartenons autant que nous en disposons.

L'alimentation est au cœur de cette dialectique.

« Il faut manger pour vivre et non vivre pour manger » dit le proverbe ancien. Mais l'être humain n'est pas qu'un animal biologique, c'est aussi un être en quête de plaisir.

Comment concilier le plaisir de manger et l'art de se nourrir ?

Le plaisir sans le « c'est plus fort que moi ». L'appétit sans le grignotage, la fringale ou la boulimie. Il s'agit de réduire les apports énergétiques sans perdre la saveur. Or, ce qui fait le goût ce ne sont ni les lipides (les graisses) ni les glucides (les sucres) mais les deux réunis : carrés de beurre et morceaux de sucre, ensemble ! Les chips, la pizza, le chocolat et les « churros » ! Comment faire pour garder le goût tout en réduisant la densité énergétique ? L'appétit sans la tyrannie du besoin. Certes, la chirurgie de l'obésité dite « bariatrique » réussit ce pari mais au prix de risques opératoires et d'une maladie digestive le plus souvent définitive. Ce ne peut être la solution.

La solution ? Essayer de retrouver l'harmonie.

Moins de calories suppose plus d'autres choses : plus d'occupations et de nourritures culturelles. Moins de télé et moins de solitude. Plus d'activités physiques bien sûr, mais si possible pas seul et à condition d'y trouver du plaisir. La société autoritaire et réglée d'autrefois a disparu. Il nous faut rétablir des comportements rituels et accepter de s'y soumettre avant qu'ils deviennent des habitudes : on mange mieux si on mange assis, à table, avec d'autres et donc plus lentement, si le repas a un début et une fin, mais aussi si on sait ce qu'il y a dans son assiette et ce qu'une alimentation équilibrée veut dire, en termes de contraintes comme de libertés. Et mieux encore si on apprend à cuisiner fin et « light ».

La cuisine doit devenir un temps de vie, non pas à perdre mais à donner et à partager.

Le livre de Magali Baudot et de Sophie Brissaud – au-delà des recettes gourmandes – propose en réalité un art de vivre.

SOMMAIRE

Fruités 15
Classiques revisités 36
Au chocolat ! 56

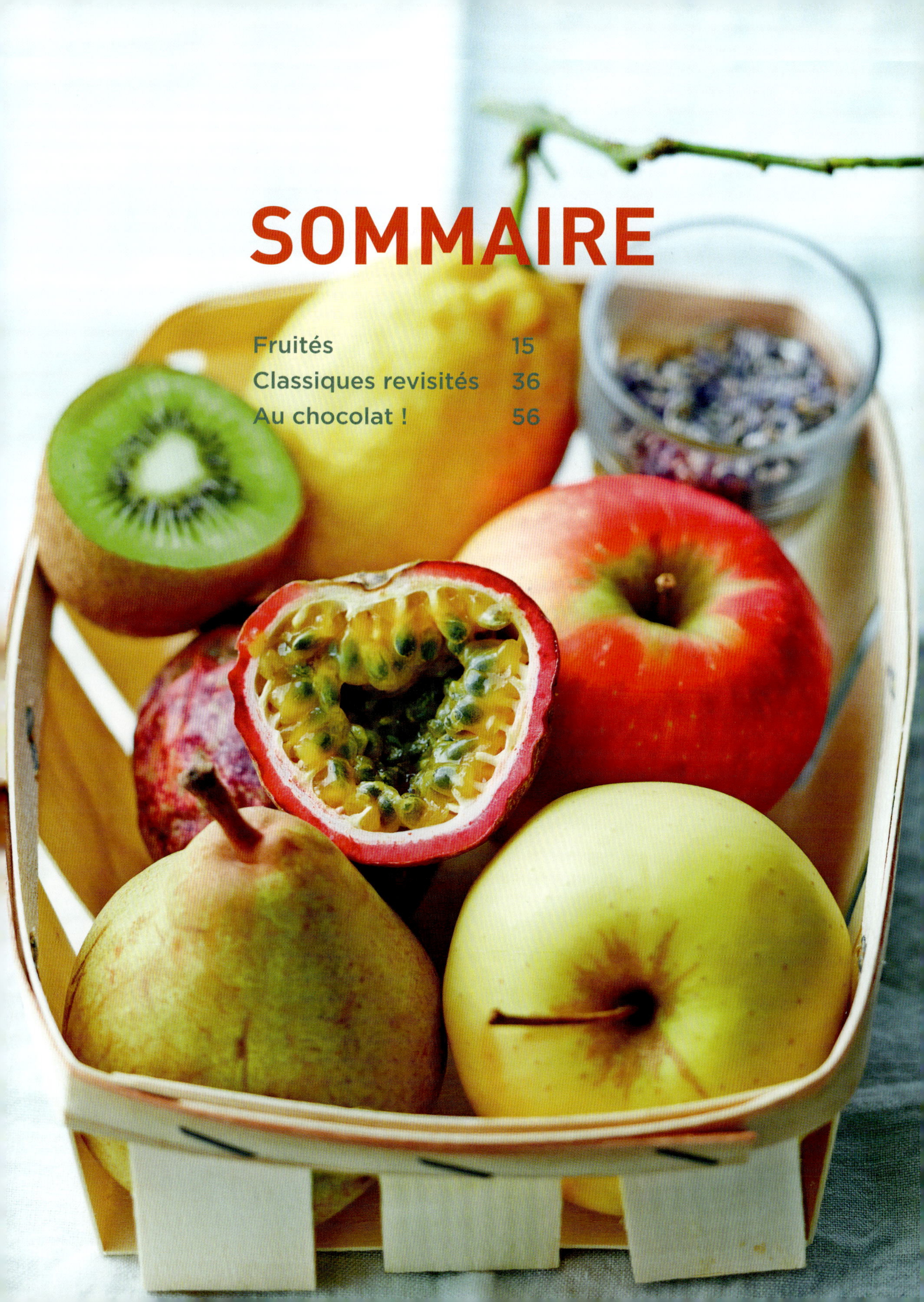

Passer à table...

quand on est diabétique (de type 2)

- « Tu veux une pomme pour le dessert, tu ne peux quand même pas manger des gâteaux! Et ton diabète ? »

- « Mais ma glycémie se porte bien, je ne suis pas sûr que ton jean en dise autant ! »

Pour tout à chacun, lorsque l'on a du diabète, SUCRE = DANGER.

Or le diabète est une affection métabolique, liée à une déficience soit de l'action de l'insuline, soit de la sécrétion de l'insuline, soit les deux... mais en aucun cas à cause du « SUCRE » qu'on aurait trop mangé quand on était petit. Alors arrêtons la culpabilité !!

Contrairement aux idées reçues, lorsque l'on a du diabète, il faut surtout **apprendre à manger sans aucun interdit, de façon variée et surtout équilibrée.** Et l'on sait également qu'une activité physique régulière est le complément indispensable d'une bonne alimentation.

Souvent, le réflexe est de supprimer le sucre, le pain, les fruits et de remplacer un vrai repas par une viande grillée et une salade. Mais ce genre de régime est bien plus dangereux que bénéfique.

Les habitudes alimentaires sont difficilement modifiables et il ne s'agit pas de s'en éloigner, mais plutôt de choisir les aliments différemment. Il n'y a donc ni régime spécial, ni restriction, ni interdiction.

LES PRINCIPES DE BASE

- **Faire trois repas par jour**
- **Éviter les nombreux grignotages**
- **Manger moins gras (par rapport aux habitudes initiales) :**
  - Favoriser les modes de cuisson nécessitant peu de graisses
  - Utiliser les équivalences des aliments contenant des graisses cachées, en fonction des goûts
- **Manger suffisamment de glucides :**
  - Consommer des aliments glucidiques à chaque repas, surtout peu hyperglycémiants
  - Éviter les boissons sucrées
  - Utiliser les équivalences glucidiques : féculents/pain et fruits/desserts sucrés
- **Ne pas dépasser l'équivalent en alcool de deux verres de vin par jour**
- **Savoir lire une étiquette.**

ÉQUILIBRER SUCRES ET GRAISSES

Sur le plan quantitatif, une alimentation équilibrée correspond à une quantité proportionnée de glucides (sucres) et lipides (graisses), traduite dans ce livre en équivalent :

1 carré de sucre
= 5 g de glucides

1 carré de graisse
= 10 g de lipides

Pour chaque recette, vous trouverez ces pictos qui vous permettront d'identifier rapidement la teneur en sucres et graisses et qui vous aideront ainsi à équilibrer les repas de vos journées.

Le budget journalier

Pour une activité physique moyenne, l'apport énergétique nécessaire est d'environ **2 000 calories par jour** dont la moitié en glucides. Cet apport peut se traduire en « budget journalier » à :
50 carrés de sucres (250 g) soit 50 % de glucides /
8 carrés de graisses (80 g) soit 35 % de lipides

Le budget journalier est à moduler selon l'activité physique :

- Si vous avez une activité physique faible, c'est-à-dire sédentaire, comptez :
40 carrés de sucre (200 g de glucides)
et **6 carrés de graisse** (60 g de glucides)

- Si vous avez une activité physique intense, c'est-à-dire sportive, comptez :
60 carrés de sucre (300 g de glucides)
et **10 carrés de graisse** (100 g de glucides).

COMMENT CALCULER SON BILAN ALIMENTAIRE ET L'AMÉLIORER ?

- **Répertoriez** les aliments et plats consommés sur une journée
- **Calculez son score** en : nombre de « carrés de sucre » et nombre de « carrés de graisse »
- **Comparez les résultats obtenus** avec le « budget journalier » à atteindre.

MANGER MIEUX

Si vous mangez trop de graisses

→ **DIMINUEZ LES MATIÈRES GRASSES DE CUISSON ET D'ASSAISONNEMENT**

- Il faut avoir la « main légère » en utilisant les graisses d'assaisonnement et de cuisson. Ne versez pas l'huile en filet, mais **dosez la quantité avec une cuillère à soupe**, ce qui correspond à 10 g de graisses (ou à 1 petit carré de beurre individuel).
- **Privilégiez les huiles d'origine végétale.**
- **Alternez les huiles** ou les associer de manière à optimiser les apports en différents acides gras (olive et colza, olive et tournesol, colza et soja…).

10 ou 15 g de graisses par repas et par personne (tous plats confondus) suffisent.

- **Maîtrisez la quantité d'huile dans la vinaigrette :** 1 cuillère à café par personne suffit ou 1 cuillère à soupe de vinaigrette allégée. Préparez-la séparément dans un petit récipient.
- **Privilégiez les cuissons sans matières grasses :** à l'eau, à la vapeur, au four, au grill, au micro-ondes, au bain-marie, à l'étouffée, en papillote (enveloppé dans du papier d'aluminium), sur pierrade, au tourne-broche, à la poêle à fond épais et revêtement anti-adhésif, les fondues à base de bouillon (à l'asiatique).
- **Utilisez épices et aromates pour donner du goût.**
- **Espacez la consommation de sauce mayonnaise, hollandaise, béarnaise...**
- **Pensez à la crème à 15 % de matières grasses** (à la place du beurre).
- N'associez pas un plat en sauce et des légumes cuisinés avec de la matière grasse au cours d'un même repas.
- **Tartinez léger :** une noix de beurre suffit. Sinon, utilisez des « beurres » de 20 à 41 % de matières grasses.

DU MOINS GRAS

crème allégée
pâte à tartiner à 25 %

AU

crème fraîche
« beurre » allégé à 65 %
mayonnaise allégée

PLUS GRAS

« beurre » allégé à 65 %
beurre
margarines ordinaires (papier aluminium)
margarine végétale (barquette)
végétaline
toutes les huiles
mayonnaise

→ DIMINUEZ LES MATIÈRES GRASSES CONTENUES DIRECTEMENT DANS LES ALIMENTS

Que vous ayez une appétence pour le « sucré » ou pour le « salé », sachez que les aliments onctueux contiennent des graisses. Alors :

- Choisissez entre plat en sauce et pâtisserie pour un même repas.
- Craquez sur un sorbet, plutôt que sur une glace et sur un fruit plutôt que sur des gâteaux secs.
- Consommez un carré de chocolat tous les jours, plutôt qu'une tablette d'un seul coup.
- Préférez à l'apéritif des légumes en bâtonnets, des fruits secs, des olives vertes, des crevettes et évitez les amuse-gueules : cacahuètes, pistaches, olives noires, biscuits apéritifs, chips.

20 g de fruits oléagineux = 30 cacahuètes ou 20 noisettes ou 10 amandes ou 5 noix	10 g à 15 g de graisses
1 petit sachet de chips (30 g)	10 g de graisses
10 biscuits apéritifs (20 g)	5 g de graisses
5 petits fours salés (feuilletés)	10 g de graisses
10 canapés	10 g de graisses

• **Repérez bien les matières grasses**

Graisses visibles À ne pas supprimer mais contrôler la quantité lors des assaisonnements	**Graisses cachées** À consommer modérément
Beurre, beurres allégés Huiles d'assaisonnement et de cuisson Margarines, margarines allégées Crème fraîche Mayonnaise	Fromages Laitages au lait entier Charcuteries Morceaux gras des viandes Plats cuisinés du commerce Plats en sauce Biscuits, pâtisseries, viennoiseries Gâteaux, chocolat Biscuits apéritif, chips, cacahuètes...

→ **DIMINUEZ VOTRE CONSOMMATION DE BOISSONS ALCOOLISÉES**

Si vous mangez trop de sucres ou pas assez

Selon votre score, augmentez ou diminuez les glucides (sucres) de votre alimentation :

- Consommez du pain ou des féculents à chaque repas, voire les deux (en fonction de votre objectif).
- Mangez un fruit à chaque repas.

LE SUCRE ET LES PRODUITS SUCRÉS

Les glucides (ou sucres) sont une source d'énergie nécessaire à l'organisme et se transforment lors de la digestion en glucose (sucre du sang). Il ne faut donc surtout pas les supprimer ! Leur quantité et leur répartition dans la journée sont à adapter. Il faut pour cela utiliser les équivalences glucidiques.

Le saccharose, communément appelé « sucre », est un oside composé d'une molécule de glucose et fructose. Longtemps interdit, le sucre et les produits sucrés peuvent aujourd'hui être consommés à l'identique des apports conseillés pour la population générale (10 % des apports totaux). Mais doivent rester très raisonnables et occasionnels. D'autant plus que le dessert sucré contient beaucoup de graisses. **Le sucre n'est pas indispensable à l'équilibre nutritionnel**, même si le goût du sucré est inné et plaisant !

→ **ÉQUIVALENCES EN SUCRE**

1 FRUIT MOYEN APPORTE 20 g DE GLUCIDES (4 CARRÉS DE SUCRE) =

2 boules de glace ou de sorbet, 100 g mousse de chocolat, *1 yaourt aux fruits sucré*, **1 île flottante**, 100 g de riz ou semoule au lait, 1 crème caramel (type Flanby), **4 à 6 carrés de chocolat**, 1 madeleine, 3 à 4 biscuits

LES PRODUITS ALLÉGÉS EN SUCRE

Les édulcorants

À l'heure actuelle, il existe deux classes de « faux sucres », appelés les édulcorants :

Les édulcorants qui ne sont pas des sucres	Les édulcorants qui sont des sucres
Aspartam Stevia Saccharine Acésulfame Cyclamate Sucralose	Fructose Polyols (sorbitol, lactitol, mannitol, maltitol, xylitol, isomalt, polydextrose, etc.)

Attention à l'étiquetage des produits !

SANS SUCRE : sans sucre (saccharose) ajouté

SANS SUCRES : sans sucres simples (saccharose, fructose, lactose, glucose)

ALLÉGÉ : moins de 25 % de l'élément concerné

LIGHT (LÉGER) : aucune réglementation. Attention ! On trouve des sodas light avec 0 sucre (et c'est satisfaisant) et des chocolats light (avec des polyols mais qui sont deux fois plus gras).

Les produits allégés

Choisir les produits présentant un intérêt par rapport aux produits normaux :

Produits intéressants	Produits non intéressants
Sucrettes aspartam en poudre	Poudre de fructose, petits « sucres » (Tutti Free®, etc.)
Cacao en poudre (Van Houten®)	Chocolat en poudre aux polyols (kan-cao)
	Chocolat au fructose, light ou sans sucre, Confiture allégée ou sans sucre
Yaourts et fromages blancs aux fruits à l'aspartam	
	Confiserie ou chewing-gum sans sucre
	Jus de fruits pur jus sans sucre ajouté (faire attention à leur teneur en sucre du fruit)
Compote de fruits sans sucre ajouté, fruits au « sirop » sans sucre	Compote de fruits allégée en sucre
	Biscottes sans sucre ou sans gluten Wasa® ou « grillés suédois » sans sucre

LES FÉCULENTS

Le pain et les féculents – que l'on trouve dans les céréales, la pomme de terre, les légumes secs – tiennent une part importante dans l'alimentation : ils doivent être présents à chaque repas. Ce sont des **aliments énergétiques**, composés essentiellement par des glucides : l'amidon.

Les céréales	- blé, maïs, orge, seigle, mil, manioc, tapioca, riz, avoine - farines, pain, biscottes, pâtes, semoules et couscous, céréales du petit déjeuner - pâtisseries, gâteaux, viennoiseries, pizza, quiche, tartes, crêpes, pâtes fourrées (ravioli, cannelloni...), biscuits apéritifs...
La pomme de terre	
Les légumes secs	- fèves, haricots blancs et rouges, flageolets, lentilles, - pois cassés, pois chiches
Les féculents « exotiques »	- ignames, patates douces, banane à cuire, fruit à pain
Les marrons	

→ ÉQUIVALENCES GLUCIDIQUES

60 G DE PAIN APPORTENT 30 g DE GLUCIDES (SOIT 6 CARRÉS DE SUCRE) =

4 biscottes ou triscottes, 2 tranches de pain grillé ou 3 « petits grillés suédois », *1 pain azyme*, 3 tranches de Wasa® ou Cracottes, 3 tranches de pain de mie ou brioché (type Jacquet®), **40 g de farine ou Maïzena® ou tapioca,** 40 g de céréales (corn flakes, müesli, flocons d'avoine...)

60 G DE PAIN APPORTENT 30 g DE GLUCIDES = (à l'occasion car riches en graisses !)

1 croissant ou 1 brioche ou 1 pain au lait, 1 gaufre ou 3 fines crêpes, 1 fine tranche de cake ou quatre-quarts, 2 madeleines, 10 boudoirs, **5 à 6 sablés ou petit-beurres,** 1 petit éclair ou 1 tartelette, 1 blini

LES FRUITS

Les fruits constituent une part importante de l'alimentation, ils doivent être présents à chaque repas et en quantité contrôlée.

→ ÉQUIVALENCES GLUCIDIQUES

1 FRUIT APPORTE 20 g DE GLUCIDES (4 CARRÉS DE SUCRE)

Teneur en glucide	Équivalences	Quantité
5 À 10 %	3 citrons 1/2 livre de fraises, framboise, groseille 1 grenade ou 1 coing 1 melon 1/2 pamplemousse 1 grosse tranche de pastèque rhubarbe	**250 À 300 g**
10 À 15 %	3 à 4 abricots ou prunes 1 belle nectarine ou pêche 2 à 3 clémentines 1 beau kiwi 1/4 de mangue ou d'ananas 6 mirabelles 1 orange 1 poire ou 1 pomme	**150 g**
15 À 20 %	1 banane (sans la peau) 15 cerises ou grains de raisins 2 figues fraîches 5 litchis frais	**100 g**
75 %	Bananes sèches, pruneaux, dattes, raisins secs, figues sèches, abricots secs	**30 g**
LES FRUITS OLÉAGINEUX (DITS « GRAS »)	Amandes, cacahuètes (arachide), noix, noisette, noix de cajou, de brésil, pistache, olives, avocats	**À LIMITER**

LES BOISSONS

Le corps contient 60 % d'eau. On en perd en permanence. Il est donc nécessaire de boire 1 à 1 litre 1/2 d'eau par jour.

Les eaux

Toutes les eaux sont bonnes à boire :

- Eaux plates : du robinet, de source, minérale.
- Eau gazeuse nature ou aromatisée : Salvetat®, San Pellegrino®, Vitteloise®, Perrier®...
- Éviter les eaux trop salées : Vichy®, Quézac®, Badoit®...
- Café, thé, tisanes sont autorisés.

Les boissons sucrées

Les jus de fruits et les boissons aux fruits, même sans sucre ajouté, contiennent des glucides.

Toutes les boissons sucrées et les sodas (Coca Cola®, limonade, Schweppes®) en contiennent beaucoup et sont à éviter : rappelez-vous qu'1 canette = 8 sucres.

Les boissons alcoolisées

Les boissons alcoolisées peuvent être consommées en petite quantité. **Ne dépassez pas l'équivalent en alcool d'un verre de vin par repas** et surtout attention à la prise de poids !

Retenez que si vous consommez des verres d'alcool, alternez avec 1 verre d'eau à chaque fois.

Les boissons alcoolisées non sucrées	Les boissons alcoolisées et sucrées
Vin rouge, rosé, blanc sec	Vin blanc liquoreux
Champagne brut	Vins cuits : Martini®, porto
Whisky, gin, vodka, tequila	Bière, cidre
Pastis®	Champagne 1/2 sec
Suze®	Grand Marnier®, Cointreau®, Malibu®
Rhum, cognac, armagnac	Crème de fruits
Calvados, eau de vie	Punch, cocktail, Marie Brizard®

Vous trouverez dans ce livre et pour chaque recette de quoi identifier rapidement la teneur en sucres et graisses et vous pourrez ainsi équilibrer les repas de vos journées.

Nous avons volontairement rédigé des recettes avec du **« vrai sucre »** (sous différentes formes : le sucre blanc, la cassonade...) et non des édulcorants type aspartam, stevia, etc. Pour deux raisons : la première pour que tout le monde puisse déguster le même dessert et la seconde pour éviter les divers avis plus ou moins validés sur les édulcorants.

Nous vous mettrons pour certaines recettes un peu « riches » des **astuces d'équivalences** pour le repas, afin que chacun et chacune puissent rentrer dans son jean !

QUELQUES ASTUCES

- **Faites les courses après les repas,** et faites une liste, cela permet de moins flâner dans les rayons « attractifs »
- Installez-vous à une table et **prenez votre temps,** posez la fourchette entre chaque bouchée et **mâchez...**
- **Prévoyez un menu complet bien équilibré.**
- **Ne cuisinez que des petites quantités,** et **faites des portions individuelles** à congeler.
- **Pour les desserts de plus de 10 carrés de sucres : ne consommez ni votre fruit ni votre pain du repas ou mieux, allez marcher 30 minutes de plus !**

Magali Baudot,
Diététicienne-nutritionniste,
Service de diététique,
Hôpitaux Universitaires Charles Foix - Pitié Salpêtrière, Paris

Pêches aux macarons

APPORTS NUTRITIONNELS PAR PERSONNE

7 carrés de sucre | **0,5** carré de graisse

PRÉPARATION : 25 minutes / **CUISSON :** 25 minutes

Ingrédients pour 4 personnes

4 belles pêches jaunes ou blanches mûres
8 petits macarons nature aux amandes
1 œuf
12 cl de vin blanc liquoreux (sauternes, jurançon...)
1 cuillerée à café d'extrait de vanille
1 citron vert (pour le zeste)

1. Préchauffez le four à 180 °C (th. 6).

2. Pelez les pêches, coupez-les en deux et dénoyautez-les. Rangez-les dans un plat allant au four, côté creux vers le haut.

3. Dans un mixeur, pulvérisez les macarons, pas trop finement : il doit rester des morceaux. Battez l'œuf et ajoutez-le pour lier le mélange. Si les macarons sont très moelleux, vous n'aurez peut-être pas besoin d'œuf. Farcissez les creux des demi-pêches de cette préparation à l'aide d'une cuillère.

4. Faites réduire le vin blanc sur feu moyen pendant 5 minutes. Ajoutez l'extrait de vanille, mélangez. Versez ce mélange sur les pêches, râpez un peu de zeste de citron vert sur le tout, et faites cuire 25 minutes au four. Servez tiède ou froid.

L'ASTUCE DE CHEF

Vous pouvez réaliser ce dessert avec d'autres fruits : figues, poires et même pommes. Adaptez le temps de cuisson à chaque fruit.
Si vous avez un peu de mal à peler les pêches, trempez-les pendant 10 à 15 secondes dans de l'eau bouillante puis rafraîchissez-les dans l'eau froide. Elles s'éplucheront facilement.

Salade d'oranges marocaine

APPORTS NUTRITIONNELS PAR PERSONNE

4 carrés de sucre

0 carré de graisse

PRÉPARATION : 20 minutes / **REPOS :** 30 minutes

Ingrédients pour 4 personnes

- 4 belles oranges
- 1 cuillerée à soupe de miel
- 1 cuillerée à soupe de sucre
- 1 cuillerée à café rase de cannelle en poudre
- 1 cuillerée à soupe d'eau de fleur d'oranger

1. À l'aide d'un couteau d'office très tranchant, pelez les oranges à vif : pour cela, taillez sous la peau en entamant légèrement la chair. Coupez les oranges en tranches minces dans un grand plat (ou prélevez les segments avec la lame du couteau). Ajoutez le miel et remuez délicatement.

2. Saupoudrez de sucre, puis de cannelle ; arrosez enfin d'eau de fleur d'oranger. Laissez reposer environ 30 minutes.

L'ASTUCE DE CHEF

Préparez cette salade juste avant le repas et servez-la au dessert : ainsi, vous avez le temps de la laisser reposer.

Poires au vin et à la lavande

APPORTS NUTRITIONNELS PAR PERSONNE

10 carrés de sucre

0 carré de graisse

PRÉPARATION : 15 minutes / **CUISSON :** 30 minutes / **REPOS :** 4 heures

Ingrédients pour 4 personnes

4 belles poires ou de 6 à 8 petites, mûres mais fermes

50 cl de vin de Bourgogne blanc, cépage chardonnay

120 g de sucre

5 ou 6 fleurs de lavande fraîches ou séchées

1. Pelez les poires en les laissant entières et en leur laissant la queue.

2. Dans une casserole, mélangez le vin et le sucre. Portez à ébullition, ajoutez les poires et laissez frémir 40 minutes sur feu très doux.

3. Ajoutez les fleurs de lavande et retirez du feu. Laissez refroidir. Couvrez et gardez au moins 4 heures au réfrigérateur. Servez frais.

L'ASTUCE DE CHEF

Une manière simple de varier sur la recette classique des poires au vin. La lavande peut être remplacée par quelques brins de romarin ou de thym frais, des fleurs de tilleul ou de camomille.

Coings au four à la grecque

APPORTS NUTRITIONNELS PAR PERSONNE

8 carrés de sucre

0,5 carré de graisse

PRÉPARATION : 30 minutes / **CUISSON :** 1 heure

Ingrédients pour 4 personnes

2 gros coings mûrs ou 4 petits
50 g de sucre en poudre
Le zeste de 1/2 citron non traité (prélevé avec un économe)
1 gousse de vanille fendue
50 g de pâte de coing

La crème pâtissière

1 cuillerée à soupe bombée de Maïzena®
30 cl de lait demi-écrémé
2 cuillerées à soupe de sucre
1 pincée de sel
2 œufs battus
Quelques gouttes d'extrait de vanille

1. Préparez d'abord la crème pâtissière : délayez la Maïzena® dans le lait, ajoutez le sucre, le sel, puis les œufs et l'extrait de vanille en fouettant bien pour obtenir un mélange homogène. Faites chauffer sur feu doux en tournant constamment, sans bouillir, jusqu'à ce que la crème épaississe. Couvrez de film étirable à même la surface et laissez refroidir.

2. Lavez et frottez les coings pour les débarrasser de leur duvet. Coupez-les en deux. Préparez un sirop en faisant bouillir 30 cl d'eau avec le sucre, le zeste du citron et la vanille. Plongez-y les demi-coings, couvrez et pochez-les 30 minutes sur feu doux. Égouttez les coings, réservez-les sur une assiette. Préchauffez le four à 150 °C (th. 4).

3. Avec une cuillère, retirez le cœur des demi-coings. Déposez-les dans un plat à gratin, côté creux vers le haut, arrosez-les d'un peu de sirop de cuisson. Mettez au four et faites cuire 30 minutes ou jusqu'à ce que les coings soient tendres et caramélisés. Sortez-les du four et laissez tiédir.

4. Déposez un peu de crème pâtissière dans chaque assiette, puis un demi-coing tiédi. Déposez dans le creux des demi-coings une cuillerée de pâte de coing légèrement assouplie à la chaleur. Servez.

L'ASTUCE DE CHEF

La température de service est importante : le coing doit être tiède et la crème pâtissière froide, mais non glacée.
Ne jetez pas le sirop de pochage des coings : servez-vous en pour cuire d'autres fruits.

Mousse au citron vert

APPORTS NUTRITIONNELS PAR PERSONNE

4 carrés de sucre

0 carré de graisse

PRÉPARATION : 25 minutes / **REPOS :** 2 heures

Ingrédients pour 4 personnes

2 citrons verts non traités
2 feuilles 1/2 de gélatine (2 g par feuille donc 5 g de gélatine)
300 g de fromage blanc lissé à 0 % de matière grasse
60 g de sucre en poudre
3 blancs d'œufs
1 pincée de sel
1 cuillerée à soupe de noix de coco râpée

L'ASTUCE DE CHEF

Cette recette peut être adaptée à d'autres agrumes : orange, citron jaune, mandarine... Gardez les mandarines 1 heure au congélateur avant de râper le zeste afin de raffermir la peau.

1. Couvrez les citrons verts d'eau très chaude et laissez-les tremper 10 minutes.

2. Faites tremper la gélatine dans de l'eau froide pendant 10 minutes.

3. Essuyez les citrons verts et râpez le zeste de deux d'entre eux à l'aide d'une râpe à grille fine (type Microplane®). Pressez les fruits pour obtenir le jus. Portez le jus à ébullition dans une petite casserole et ajoutez la gélatine égouttée. Retirez du feu et mélangez.

4. Fouettez le fromage blanc avec le sucre, le jus et le zeste de citron vert.

5. Battez les blancs d'œufs en neige ferme avec le sel et incorporez-les soigneusement au mélange précédent.

6. Transférez la mousse dans un saladier de service ou dans des bols individuels. Couvrez de film étirable et laissez reposer au moins 2 heures au réfrigérateur.

7. Peu avant de servir, torréfiez la noix de coco râpée dans une petite poêle sans matière grasse jusqu'à ce qu'elle blondisse légèrement. Saupoudrez-en la mousse et servez.

Parfait à la clémentine et au fruit de la passion

PRÉPARATION : 25 minutes / **CUISSON :** 20 minutes (réduction) / **PRISE EN GLACE :** environ 4 heures

APPORTS NUTRITIONNELS PAR PERSONNE

4 carrés de sucre	0,5 carré de graisse

Ingrédients pour 6 personnes

500 g de clémentines (ou de mandarines) non traitées
50 g de sucre
10 cl d'eau
6 fruits de la passion
1 cuillerée à café d'extrait de vanille
20 cl de crème fraîche à 15 % de matière grasse

L'ASTUCE DE CHEF

Les puristes vont s'indigner parce que ce n'est pas un vrai parfait (il n'y a pas d'œufs). Ce n'est pas non plus un *semifreddo*, pour les mêmes raisons. De quelque façon qu'on le nomme, c'est un dessert pour les grandes occasions ou simplement pour le jour où vous voulez (vous) faire plaisir. Quand vous achetez des fruits de la passion, choisissez-les bien lisses et un peu lourds pour leur taille.

1. Faites fondre le sucre avec l'eau dans une casserole, faites bouillir 10 minutes.

2. Lavez les clémentines et râpez finement le zeste de 2 d'entre elles. Réservez le zeste râpé sur une petite assiette, couvert de film étirable. Pressez les clémentines pour obtenir le jus. Ajoutez ce jus dans la casserole et faites réduire sur feu doux jusqu'à ce que l'ensemble ait la consistance d'un sirop épais. Laissez refroidir.

3. Pendant ce temps, ouvrez 4 des fruits de la passion et extrayez toute la pulpe avec une petite cuillère. Déposez-la dans une passoire fine et raclez bien la pulpe de passion avec une cuillère jusqu'à ce que tout le jus soit exprimé. Ajoutez ce jus au contenu de la casserole ainsi que l'extrait de vanille et le zeste râpé. Versez le tout dans un récipient rectangulaire et mettez au congélateur. Laissez prendre 1 heure en remuant le mélange deux ou trois fois.

4. Fouettez la crème fraîche avec un batteur électrique jusqu'à ce qu'elle soit légère. Incorporez celle-ci au sorbet en cours de congélation, mélangez bien et gardez au congélateur jusqu'à ce que la glace soit complètement prise.

5. Si vous avez une sorbetière, commencez par turbiner le premier mélange pendant 20 minutes environ, ajoutez la crème, puis turbinez encore 5 minutes et terminez la prise en glace comme indiqué plus haut.

6. Pour servir, répartissez le parfait dans des coupes ou des assiettes, ouvrez les 2 fruits de la passion restants et répartissez les graines et la pulpe sur les portions de parfait.

Tarte fine aux fraises

PRÉPARATION : 30 minutes / **REPOS :** 1 à 2 heures / **CUISSON :** 12 minutes

APPORTS NUTRITIONNELS PAR PERSONNE

10 carrés de sucre

1 carré de graisse

Ingrédients pour 4 personnes

La pâte

- 200 g de farine de blé type 65
- 100 g de fromage blanc lisse à moins de 20 % de matière grasse
- 1 jaune d'œuf
- 1 cuillerée à soupe de sucre
- 1 pincée de sel

La garniture

- 500 g de fraises
- 3 cuillerées à soupe d'amandes hachées ou de pistaches mondées
- 1 petit brin de romarin frais ou 1 branche de thym (facultatif)
- Un peu de sucre glace (facultatif)

1. Dans un grand bol, réunissez la farine, le fromage blanc, le jaune d'œuf, le sucre et le sel. Travaillez ces ingrédients du bout des doigts jusqu'à ce qu'ils s'amalgament. Ramassez le tout en boule, enveloppez la pâte de film étirable et laissez reposer de 1 à 2 heures au réfrigérateur.

2. Pendant ce temps, faites légèrement griller les amandes ou les pistaches au four à 160 °C pendant 8 à 10 minutes. Laissez-les refroidir sur une assiette.

3. Étalez la pâte très finement et déposez-la soit dans un moule à tarte, soit en forme de rectangle sur une plaque à pâtisserie. Dans ce dernier cas, pincez la pâte sur toute la circonférence pour réaliser un bourrelet. Piquez la pâte sur toute sa surface avec une fourchette et faites-la cuire 15 minutes au four. Si elle a tendance à gonfler, couvrez-la entièrement de papier sulfurisé et jetez-y une poignée de haricots secs ou de poids à pâtisserie. Sortez-la du four et laissez tiédir.

4. Lavez et équeutez les fraises, coupez-les en tranches de 3 à 4 mm dans le sens de la longueur. Disposez-les rapidement sur le fond de tarte comme les tuiles d'un toit, parsemez des amandes ou des pistaches grillées et de quelques petites feuilles de romarin ou de thym si vous aimez ça. Vous pouvez saupoudrer d'un peu de sucre glace, mais pas trop afin de ne pas dénaturer le goût des fraises. Servez immédiatement.

5. Sur cette base de fond de tarte, tous les fruits sont les bienvenus, crus ou cuits. Pour faire une tarte cuite, disposez pommes, poires, prunes, etc., en tranches sur la pâte crue et faites cuire plus longtemps (de 20 à 30 minutes) au four à 180 °C.

L'ASTUCE DE CHEF

Si la pâte est un peu collante lorsque vous l'étalez, saupoudrez le plan de travail et la pâte d'un peu de farine ou de semoule de blé fine.

Croustillant aux pommes

APPORTS NUTRITIONNELS PAR PERSONNE

10 carrés de sucre | **1** carré de graisse

PRÉPARATION : 30 minutes / **CUISSON :** 45 minutes

Ingrédients pour 4 personnes

4 belles pommes
Le jus de 1/2 citron
2 cuillerées à soupe de cassonade
2 cuillerées à soupe rases de farine de blé complète
1 cuillerée à café rase de cannelle en poudre

Le croustillant

80 g de farine de blé complète
25 g de flocons d'avoine
30 g de cassonade
35 g de beurre coupé en petits dés + un peu pour le plat

1. Préchauffez le four à 180 °C (th. 6). Beurrez légèrement un plat à gratin.

2. Épluchez les pommes, évidez-les et coupez-les en cubes de taille irrégulière. Recueillez-les dans un saladier, ajoutez le jus de citron, la cassonade, la farine complète et la cannelle. Remuez bien avec une cuillère en bois, puis étalez ce mélange dans le plat à gratin.

3. Pour le croustillant : dans un saladier, réunissez la farine, les flocons d'avoine, la cassonade et le beurre. Travaillez du bout des doigts jusqu'à ce que le mélange soit homogène. Étalez-le sur les pommes sans appuyer.

4. Faites cuire environ 40 minutes : le crumble doit être bien doré. Servez tiède.

L'ASTUCE DE CHEF

Cet entremets familial d'origine américaine est aussi vite préparé que vite cuit. Choisissez des pommes à chair ferme, un peu acidulées : reinettes, boskoop, braeburn, idared, chantecler… Elles seront aussi plus parfumées.

Tartelettes aux pommes et au gingembre

APPORTS NUTRITIONNELS PAR TARTELETTE

10 carrés de sucre

1 carré de graisse

PRÉPARATION : 25 minutes / **CUISSON :** 50 minutes

Ingrédients pour 4 tartelettes

- 2 cuillerées à soupe de cassonade ou de sucre complet
- 1 cuillerée à café rase de gingembre en poudre
- 1/2 cuillerée à café de poivre noir du moulin
- 1 pincée de cannelle en poudre
- 1/2 cuillerée à café de poudre de quatre-épices
- 2 pommes à chair ferme, assez grosses (boskoop, reinettes, idared, royal gala)
- 1 grosse noix (environ 25 g) de gingembre confit
- 1 recette de pâte à tarte (voir la recette de la tarte fine aux fraises, page 27)

1. Préchauffez le four à 180 °C (th. 6).

2. Mélangez la cassonade, la poudre de gingembre, le poivre, la cannelle et la poudre de quatre-épices.

3. Pelez les pommes en les laissant entières, retirez le cœur avec un vide-pomme. Disposez les pommes debout dans un plat à gratin et remplissez la partie creuse du mélange sucre-épices. Versez 2 cuillerées à soupe d'eau dans le plat. Faites cuire 30 minutes au four ; les pommes doivent rester entières. Laissez-les refroidir, puis coupez-les en deux dans le sens de la longueur. Gardez le sirop qui s'est recueilli dans le plat.

4. Coupez le gingembre confit en petits dés.

5. Étalez la pâte à tarte le plus finement possible. Garnissez-en 4 moules à tartelette. Placez une demi-pomme dans chaque fond de tartelette, arrosez du reste de sirop et recouvrez de petits dés de gingembre confit. Terminez la cuisson au four à 180 °C pendant 20 minutes, jusqu'à ce que les bords de la pâte soient dorés. Servez tiède ou froid.

L'ASTUCE DE CHEF

Cette recette d'origine médiévale peut aussi être réalisée avec des poires ou des coings. Dans ce dernier cas, la précuisson des fruits au four est plus longue : comptez 50 minutes.

Clafoutis aux abricots

APPORTS NUTRITIONNELS PAR PERSONNE

7 carrés de sucre | **0,5** carré de graisse

PRÉPARATION : 20 minutes / **CUISSON :** 30 à 35 minutes

Ingrédients pour 6 à 8 personnes

100 g de farine
100 g de sucre
3 œufs
50 cl de lait demi-écrémé
1 cuillerée à café d'extrait de vanille
1 pincée de sel
500 g d'abricots bien mûrs
Une noisette de beurre pour le moule
20 g d'amandes ou de pistaches entières mondées, grossièrement hachées

1. Préchauffez le four à 180 °C (th. 6).

2. Lavez, essuyez et dénoyautez les abricots en les coupant en deux. Beurrez légèrement un plat à gratin. Déposez-y les abricots côté creux vers le haut.

3. Dans un grand saladier, mélangez les trois quarts du sucre, la farine et le sel. Creusez un trou au centre et cassez-y les œufs. Mélangez vigoureusement avec un batteur électrique en ajoutant petit à petit une partie du lait. Battez assez longtemps (au moins 3 minutes) afin de bien aérer la pâte. Ensuite, ajoutez petit à petit le lait sans cesser de battre.

4. Versez immédiatement cet appareil dans le moule sans déranger les abricots. Remettez ceux-ci en place si nécessaire. Parsemez de pistaches ou d'amandes, saupoudrez du reste de sucre, et faites cuire de 30 à 35 minutes au four. Le clafoutis doit monter à la cuisson, il retombe ensuite, c'est normal. Dégustez tiède ou froid, mais non glacé.

L'ASTUCE DE CHEF

Il est vrai qu'on ne devrait pas dire clafoutis mais flognarde quand il s'agit d'autres fruits que des cerises, mais le nom courant parle à tout le monde. Recette à décliner avec des pêches, des prunes, des poires ou... des cerises.
L'avantage du clafoutis est double : il est peu sucré avec un autre fruit que les cerises et il est peu gras.

Crêpes à l'orange sanguine

APPORTS NUTRITIONNELS PAR PERSONNE

7 carrés de sucre

1 carré de graisse

PRÉPARATION : 20 minutes / **REPOS :** 2 heures / **CUISSON :** 30 minutes environ

Ingrédients pour 6 personnes

Les crêpes

250 g de farine
1 pincée de sel
50 cl de lait demi-écrémé
4 œufs
1 cuillerée à café d'eau de fleur d'oranger
20 g de beurre pour la finition

La sauce à l'orange sanguine

3 oranges sanguines non traitées
20 g de sucre
1 cuillerée à café rase de Maïzena®

1. Pour les crêpes, mélangez la farine et le sel. Ajoutez les œufs un à un en mélangeant vigoureusement avec un fouet, puis délayez avec le lait en fouettant bien jusqu'à obtention d'une pâte sans grumeaux (s'il y a des grumeaux, passez la pâte à travers une passoire fine). Ajoutez l'eau de fleur d'oranger et laissez reposer cette pâte au moins 2 heures à température ambiante.

2. Préparez la sauce à l'orange sanguine : lavez et essuyez soigneusement les oranges. Prélevez le zeste d'une orange avec un économe et taillez-le en très fins filaments à l'aide d'un couteau tranchant. Pressez toutes les oranges pour obtenir le jus, retirez les pépins. Versez le jus dans une petite casserole, ajoutez les zestes et le sucre, puis faites cuire sur feu doux sans couvrir jusqu'à ce que la sauce soit légèrement sirupeuse.

3. Préchauffez le four à 180 °C (th. 6).

4. Confectionnez les crêpes dans une crêpière antiadhérente, faites 2 crêpes par personne. Au fur et à mesure que vous les réalisez, pliez-les en quatre et rangez-les dans un plat à gratin. Quand le plat est rempli, versez la sauce sur les crêpes, parsemez de quelques noisettes de beurre et terminez la cuisson 10 minutes au four. Servez très chaud.

L'ASTUCE DE CHEF

Les oranges sanguines sont ici choisies pour leur goût délicieux — rappelant un peu la framboise et le cassis — et leur belle couleur. Mais en réalité vous pouvez réaliser ces crêpes avec des oranges non sanguines, des mandarines, des clémentines ou du pamplemousse. L'avantage nutritionnel de la pâte à crêpes est qu'elle apporte peu de graisses et une source de calcium intéressante grâce au lait.

Les canelés de Mag

APPORTS NUTRITIONNELS PAR **PETIT CANELÉ**

1 carré de sucre	**TRACE** de graisse (0,5 g)

APPORTS NUTRITIONNELS PAR **GROS CANELÉ**

2 carrés de sucre	**0,1** carré de graisse

PRÉPARATION : 15 minutes / **REPOS :** 24 heures /
CUISSON : entre 30 minutes ou 1 heure selon la taille des moules

Ingrédients pour environ 12 gros canelés ou 15 à 20 petits

50 cl de lait demi-écrémé
1 gousse de vanille
2 œufs entiers + 1 jaune d'œuf
1 pincée de sel
125 g de farine
200 g de sucre
Rhum
20 g de beurre

L'ASTUCE DE CHEF

Ces canelés bordelais sont à déguster le jour où ils ont été faits : c'est une pâtisserie qui ne se garde pas.
Pour être tout à fait honnête cette recette n'est pas la plus traditionnelle, mais la plus diététique.

1. Fendez la gousse de vanille dans le sens de la longueur. Versez le lait dans une casserole et ajoutez la vanille. Portez à ébullition et retirez du feu.

2. Battez les œufs avec la pincée de sel, puis ajoutez le lait (en retirant la gousse de vanille) et mélangez bien. Laissez refroidir ce mélange.

3. Mélangez la farine et le sucre (pour éviter les grumeaux) et incorporez-les au mélange précédent à l'aide d'un fouet. Couvrez le bol de film étirable et laissez reposer 24 heures au réfrigérateur.

4. Peu avant de cuire les canelés, préchauffez le four à 180 °C (th. 6). Ajoutez à la pâte le rhum et le beurre fondu.

5. Répartissez le mélange dans des moules à canelés en silicone et faites cuire au four. Si vous utilisez des petits moules, faites cuire de 30 à 45 minutes ; si vous utilisez de grands moules, faites cuire 1 heure.

Démoulez et servez tiède ou froid, mais ni chaud ni glacé.

Crêpes à mille trous (*baghrir*)

APPORTS NUTRITIONNELS PAR PERSONNE

5 carrés de sucre

0 carré de graisse

PRÉPARATION : 20 minutes / **REPOS :** 30 minutes / **CUISSON :** 2 à 3 minutes par crêpe

Ingrédients pour 6 à 8 personnes

500 g de semoule de blé très fine

2 œufs

2 pincées de sel

2 sachets de levure chimique

1 cube de levure de boulanger (ou 1 sachet de levure de boulanger déshydratée)

1. Disposez la semoule en fontaine dans une terrine. Cassez-y les œufs, ajoutez le sel, la levure chimique et la levure de boulanger émiettée. Commencez à travailler la pâte au fouet en ajoutant de l'eau tiède au fur et à mesure jusqu'à obtention d'une pâte un peu liquide.

2. Versez cette préparation dans le bol d'un robot et mixez jusqu'à obtention d'une crème jaune pâle lisse et homogène (environ 2 minutes). Versez-la dans un saladier, couvrez celui-ci de film étirable et laissez reposer 30 minutes dans un endroit tiède.

3. Faites chauffer une poêle à revêtement antiadhérent, sans matière grasse, et déposez-y une petite louche de pâte. Laissez-la s'étaler : une multitude de petits trous doit apparaître sur toute la surface de la crêpe. Quand la surface est juste sèche, soulevez la crêpe avec une spatule en bois et déposez-la sur un plat chauffé. Recouvrez d'un linge. Procédez de même avec le reste de pâte.

4. Servez tiède ou réchauffé, avec un peu de miel liquide ou avec la salade d'oranges marocaine de la page 16.

L'ASTUCE DE CHEF

Les *baghrir*, également appelés « crêpes nid-d'abeille », sont un classique du Maghreb. La pâte est meilleure quand elle a fermenté au moins 6 heures au réfrigérateur : n'hésitez pas à la préparer à l'avance.
Pour une glycémie et un jean adaptés, ne mangez que 1 à 2 crêpes par personne, ou alors allez bouger.

Lait au gingembre façon cantonaise

PRÉPARATION : 10 minutes / **REPOS :** 5 à 10 minutes

APPORTS NUTRITIONNELS PAR PERSONNE

4 carrés de sucre

0 carré de graisse

Ingrédients pour 4 personnes

150 g de gingembre « vieux » (c'est-à-dire bien mûr)

50 cl de lait demi-écrémé

2 cuillerées à soupe de sucre

1. Épluchez le gingembre (le mieux est d'utiliser une petite cuillère, qui retire la peau dans tous les coins et n'endommage pas le derme, où se trouvent le plus de principes actifs). Râpez-le très finement dans un bol ou passez-le au mixeur. Recueillez le gingembre râpé dans une passoire fine et pressez énergiquement pour recueillir le plus de jus possible. Le résidu doit être bien sec.

2. Répartissez le jus de gingembre entre 4 bols de porcelaine.

3. Il vous faut deux grandes casseroles bien propres pour réussir cette recette. Versez le lait dans l'une d'elles et faites-le chauffer. Quand il commence juste à fumer (il ne doit surtout pas frémir), ajoutez le sucre, mélangez rapidement, puis versez le lait lentement dans la seconde casserole en élevant progressivement le bras (si cela peut vous aider, c'est le geste des serveurs de thé à la menthe). Recommencez l'opération en versant le lait dans la première casserole ; comptez les étapes, le lait doit passer dix fois d'une casserole à l'autre. Ensuite, remuez le jus de gingembre dans le fond des bols à l'aide d'une petite cuillère (la fécule s'est déposée au fond) et répartissez le lait dans les bols.

4. Laissez reposer de 5 à 10 minutes ; le lait doit coaguler et prendre la consistance d'une crème caramel un peu tremblotante. Soyez patient, le temps de coagulation dépend de la température et du type de lait.

5. Dégustez tel quel, à peine tiède, ou gardez les bols au moins 2 heures au réfrigérateur pour les rafraîchir : dans ce cas, l'entremets sera un peu plus ferme.

L'ASTUCE DE CHEF

Cette recette chinoise étonnante mais très simple est un tour de prestidigitation : le lait prend « tout seul ». En réalité, c'est la fécule contenue dans le jus de gingembre qui coagule les protéines du lait. Très bon dessert et peu glycémiant.

Millassou à l'orange confite

APPORTS NUTRITIONNELS PAR PERSONNE

6 carrés de sucre

1 carré de graisse

PRÉPARATION : 20 minutes / **CUISSON :** 40 à 55 minutes selon le moule choisi

Ingrédients pour 4 personnes

- 20 g d'écorce d'orange confite
- 200 g de potimarron épluché et coupé en dés
- Le jus de 2 oranges
- 1 grosse pincée de sel
- 50 g de sucre
- 20 cl de lait demi-écrémé
- 2 œufs battus
- 20 g de beurre fondu
- 1 cuillerée à soupe d'eau de fleur d'oranger
- 100 g de polenta instantanée
- 1 cuillerée à café de levure chimique

1. Coupez l'écorce d'orange confite en petits cubes. Faites cuire le potimarron pendant 20 minutes à découvert avec le jus d'orange, l'écorce d'orange, le sel et le sucre. Le liquide doit être presque entièrement évaporé et le potimarron très tendre. Écrasez-le en purée avec une fourchette.

2. Préchauffez le four à 180 °C (th. 6).

3. Tout en remuant la purée de potimarron avec une spatule, incorporez successivement le lait, les œufs, le beurre fondu, l'eau de fleur d'oranger et enfin la polenta avec la levure chimique. Versez ce mélange dans un plat à gratin ou un moule à manqué à revêtement antiadhérent (ou dans des moules à muffins). Faites cuire 35 minutes au four (20 minutes si vous utilisez des moules à muffins). Si le millassou prend trop de couleur, baissez la température à 150 °C. Quand le millassou est cuit, sa surface doit être ferme au centre.

L'ASTUCE DE CHEF

Une recette du Sud-Ouest que vous pouvez servir tiède ou froide, saupoudrée d'un peu de sucre cristallisé.

Brioche irlandaise au thé (*barmbrack*)

PRÉPARATION : 35 minutes / **LEVÉE :** 2 heures à 2 heures 15 / **CUISSON :** 30 à 40 minutes

APPORTS NUTRITIONNELS PAR PERSONNE

10 carrés de sucre

1 carré de graisse

Ingrédients pour 6 à 8 personnes

- 1 cuillerée à soupe de feuilles de thé noir
- 60 g de raisins secs
- Quelques écorces d'agrumes confites coupées en petits dés
- 5 cl de lait demi-écrémé
- 20 g (1 cube) de levure de boulanger fraîche ou 1 sachet de levure de boulanger en granulés
- 300 g de farine type 55
- 50 g de cassonade + 2 cuillerées à café pour la levure
- 1 cuillerée à café rase de cannelle en poudre
- 1 cuillerée à café rase d'épices pour pain d'épices
- 1 œuf battu
- 75 g de beurre mou
- 1 cuillerée à café rase de sel fin

1. Au moins 2 heures à l'avance, préparez un thé fort avec les feuilles de thé et 40 cl d'eau bouillante. Faites-y tremper les raisins et les écorces d'orange. Au moment de préparer le *barmbrack*, égouttez les fruits et réservez le thé.

2. Dans un petit bol, mélangez le lait chaud et les 2 cuillerées à café de cassonade. Laissez tiédir et émiettez la levure dans ce mélange (si vous utilisez de la levure en granulés, versez ceux-ci dans le lait). Laissez reposer de 5 à 10 minutes jusqu'à ce que la levure soit mousseuse.

3. Tamisez la farine dans un grand récipient, ajoutez le reste de cassonade et les épices. Incorporez le beurre avec vos doigts jusqu'à ce qu'il soit bien amalgamé, puis creusez un trou au centre et versez la levure et l'œuf battu. Mélangez avec une spatule en ajoutant petit à petit du thé jusqu'à obtention d'une pâte homogène, souple mais pas trop molle. Renversez la pâte sur le plan de travail et pétrissez-la à la main jusqu'à ce qu'elle ne colle plus aux doigts.

4. Incorporez petit à petit les fruits secs égouttés. Façonnez la pâte en boule, couvrez le récipient de film étirable et laissez lever dans un endroit tiède pendant 1 heure à 1 h 30.

5. Quand la pâte a doublé de volume, renversez-la sur le plan de travail et pétrissez encore 2 minutes. Déposez-la dans un grand moule à cake ou à manqué légèrement huilé, recouvrez d'un torchon et laissez encore lever 45 minutes.

6. Faites cuire 30 à 40 minutes au four préchauffé à 180 °C (th. 6). Couvrez le *barmbrack* d'une feuille d'aluminium s'il prend trop de couleur. Quand il est bien doré, démoulez-le et laissez-le refroidir sur une grille.

L'ASTUCE DE CHEF

Cette brioche irlandaise est traditionnellement préparée à Halloween. Le thé utilisé doit être fort, du type « breakfast ». Un thé Earl Grey apportera un supplément de parfum. Le *barmbrack*, évidemment, accompagne le thé.

Île flottante au café arabica

APPORTS NUTRITIONNELS PAR PERSONNE

7 carrés de sucre

1 carré de graisse

PRÉPARATION : 20 minutes / **RÉFRIGÉRATION :** 2 heures minimum / **CUISSON :** environ 20 minutes

Ingrédients pour 4 personnes

40 cl de lait demi-écrémé

2 cuillerées à soupe rases de café arabica moulu pas trop finement

2 gousses de cardamome verte écrasées avec le plat de la lame d'un gros couteau

6 œufs

1 pincée de sel

120 g de sucre

1. Dans une casserole, versez le lait, ajoutez le café moulu et la cardamome. Portez doucement à ébullition, retirez immédiatement du feu, couvrez et laissez infuser.

2. Séparez les blancs des jaunes d'œufs. Ajoutez 1 pincée de sel aux blancs. Fouettez les jaunes avec la moitié du sucre jusqu'à ce que le mélange blanchisse.

3. Filtrez le lait à travers une passoire fine et versez-le petit à petit sur les jaunes sans cesser de fouetter. Versez le tout dans la casserole et faites cuire sur feu moyen sans cesser de remuer avec une spatule jusqu'à ce que la crème épaississe. Retirez du feu, versez la crème dans un saladier froid et remuez-la quelques instants avec la spatule d'avant en arrière, sans tourner. Couvrez de film étirable et laissez refroidir au moins 2 heures au réfrigérateur.

4. Battez les blancs d'œufs en neige semi-ferme. Ajoutez le reste de sucre en pluie tout en continuant de battre jusqu'à obtention d'une meringue ferme et luisante. Façonnez-la en 4 boules, déposez-les sur un plat et faites-les cuire 30 secondes au four à micro-ondes à pleine puissance. Réservez à température ambiante. Si vous n'avez pas de four à micro-ondes, moulez la meringue dans un petit moule antiadhérent, couvrez de film étirable et faites cuire 3 minutes à la vapeur.

5. Peu avant de servir, répartissez la crème au café très froide dans 4 assiettes creuses. Ajoutez une boule ou une portion de meringue (si celle-ci est cuite dans un moule). Servez immédiatement.

L'ASTUCE DE CHEF

Un des charmes de cette recette est le contraste de température entre la crème au café très froide et la meringue légère à température ambiante. Choisissez votre café arabica préféré pour l'occasion.
Pour une variante estivale de cet entremets, remplacez la crème anglaise au café par un coulis de fraises fraîches mixées avec un peu de sucre et d'eau de fleur d'oranger. La recette des meringues ne change pas.

Panna cotta vanille-framboise

APPORTS NUTRITIONNELS PAR PERSONNE

4 carrés de sucre

0,5 carré de graisse

PRÉPARATION : 30 minutes / **REPOS :** 4 heures

Ingrédients pour 6 personnes

- 3 feuilles de gélatine (2 g par feuille donc 6 g de gélatine)
- 20 cl de crème liquide légère
- 20 cl de lait demi-écrémé
- 1 gousse de vanille
- 100 g de sucre + 20 g pour le coulis
- 150 g de framboises fraîches
- 10 cl d'eau

L'ASTUCE DE CHEF

Au printemps, remplacez le coulis de framboises par une salade de fraises au vinaigre balsamique : 200 g de fraises fraîches coupées en tranches, 1 cuillerée à soupe de vinaigre balsamique, 1 cuillerée à soupe de sucre, 1 tour de moulin de poivre noir. La gélatine a un gros avantage diététique : elle n'apporte pratiquement aucune calorie, ni sucre ni graisse.

1. Faites tremper la gélatine dans de l'eau froide pendant 10 minutes.

2. Fendez la gousse de vanille et raclez-la avec la lame d'un couteau pour prélever les graines. Ajoutez le tout, gousse et graines, au lait et à la crème liquide dans une casserole. Ajoutez le sucre, mélangez et portez à ébullition. Retirez du feu, ajoutez la gélatine égouttée et mélangez bien. Retirez la gousse de vanille et essorez-la au-dessus de la casserole pour bien extraire les graines. Répartissez la préparation dans des verres individuels et gardez au réfrigérateur au moins 4 heures, jusqu'à ce que la crème soit bien prise.

3. Pendant ce temps, faites chauffer les framboises avec l'eau et le sucre. Laissez frémir 5 minutes puis passez l'ensemble à travers une passoire fine en raclant bien le fond de celle-ci avec une cuillère en bois pour extraire un maximum de pulpe. Gardez aussi ce coulis au réfrigérateur.

4. Sortez les panna cotta et le coulis du réfrigérateur 15 minutes avant de servir. Versez le coulis sur les verrines et servez.

Flan caramélisé au thé vert

APPORTS NUTRITIONNELS PAR PERSONNE

3 carrés de sucre

0,5 carré de graisse

PRÉPARATION : 25 minutes / **CUISSON :** 30 minutes / **RÉFRIGÉRATION :** 3 heures

Ingrédients pour 6 personnes

6 œufs

60 cl de lait demi-écrémé

30 g de sucre + 20 g pour le caramel

1 cuillerée à soupe de poudre de thé vert matcha

L'ASTUCE DE CHEF

Vous pouvez aussi cuire ce flan au four (180 °C, 25 à 30 minutes), mais la cuisson à la vapeur donne une sensation de légèreté et concentre mieux les saveurs.
Le caramel fait toujours peur pour la glycémie, mais consommé en petite quantité, il aura peu d'influence sur cette dernière.

1. Pour cette recette, vous aurez besoin d'un moule à manqué antiadhérent ou d'un plat à four rond en porcelaine épaisse ou en céramique. Commencez à faire chauffer l'eau d'un cuit-vapeur ou d'un couscoussier après vous être assuré que votre moule y entre bien.

2. Portez le lait à frémissement, couvrez et retirez du feu.

3. Faites cuire les 20 g de sucre dans un petit plat avec quelques gouttes d'eau jusqu'à obtention d'un caramel brun moyen. Retirez du feu et, avec précaution, ajoutez 2 cuillerées à soupe d'eau. Laissez tiédir et mélangez. Versez ce caramel au fond du moule.

4. Dans un cul-de-poule, battez les œufs avec les 40 g de sucre. Sans cesser de fouetter, ajoutez le thé vert et continuez de fouetter jusqu'à ce que le mélange ne comporte plus de grumeaux. Tout en fouettant, incorporez le lait petit à petit.

5. Versez le mélange dans le moule, couvrez d'une feuille d'aluminium bien ajustée, percez quelques trous à la surface à l'aide d'une pointe de couteau, et déposez le moule dans le cuit-vapeur. Faites cuire 30 minutes à vapeur douce.

6. Laissez refroidir et gardez au moins 3 heures au réfrigérateur. Démoulez et servez frais.

Tarte au fromage blanc et au miel

APPORTS NUTRITIONNELS PAR PERSONNE

6 carrés de sucre

1 carré de graisse

PRÉPARATION : 25 minutes / **CUISSON :** 50 minutes à 1 heure

Ingrédients pour 6 personnes

1 recette de pâte à tarte (voir la recette de la tarte fine aux fraises page 27)

4 œufs

2 cuillerées à soupe de miel de thym grec

1 cuillerée à soupe de semoule de blé fine

2 pincées de cannelle en poudre

Le zeste râpé de 1 citron

500 g de ricotta à 6,5 % de matière grasse

1. Préchauffez le four à 180 °C (th. 6). Étalez la pâte à tarte et garnissez-en le fond d'un moule à tarte. Piquez toute la surface de la pâte avec une fourchette.

2. Battez longuement les œufs dans un grand saladier jusqu'à ce qu'ils soient légers et mousseux (un batteur électrique facilite l'opération). Tout en battant, ajoutez le miel, la semoule, puis 1 pincée de cannelle et le zeste de citron. Cessez de battre et incorporez la ricotta délicatement, avec une spatule en caoutchouc, en tournant et soulevant le mélange. Versez cet appareil dans le moule à tarte et lissez la surface avec une spatule trempée dans l'eau.

3. Faites cuire au four de 50 minutes à 1 heure (la durée de cuisson varie selon les fours). Lorsque le centre de la tarte n'est plus liquide et que la surface est bien dorée, retirez du four, saupoudrez du reste de cannelle et laissez refroidir.

L'ASTUCE DE CHEF

Originaire de l'île grecque de Sifnos et liée aux festivités de Pâques, cette tarte au miel est aussi légère que délicieuse. Si vous avez la chance de trouver de la ricotta de brebis ou du brocciu corse, c'est évidemment l'ingrédient idéal pour réaliser cette recette.
Contrairement aux idées reçues, la ricotta n'est pas si grasse, à condition de la choisir à 6,5 %, et elle aura tout autant de goût.

Muffins de sarrasin aux framboises

APPORTS NUTRITIONNELS PAR PERSONNE

10 carrés de sucre

1 carré de graisse

PRÉPARATION : 20 minutes / **CUISSON :** 30 à 40 minutes

Ingrédients pour 6 personnes

2 œufs
225 g de farine de sarrasin
1/2 sachet de levure chimique
125 g de yaourt nature au lait écrémé
150 g de cassonade
1 pincée de sel
4 cuillerées à soupe d'huile d'olive
150 g de framboises fraîches

1. Préchauffez le four à 180 °C (th. 6).

2. Tamisez la farine de sarrasin avec la levure chimique.

3. Versez le yaourt dans un saladier, ajoutez la cassonade. Mélangez bien avec un fouet puis incorporez petit à petit la farine de sarrasin. Lorsque le mélange est homogène, battez les blancs d'œufs en neige ferme avec 1 pincée de sel et incorporez-les petit à petit à la pâte à l'aide d'une spatule en caoutchouc, en soulevant et en tournant le mélange. Incorporez ensuite l'huile d'olive.

4. Ajoutez les framboises ; mélangez sans insister afin de ne pas endommager les fruits.

5. Répartissez cette pâte dans des petits moules à muffins en métal ou en silicone. Le silicone est préférable car il n'a pas besoin d'être graissé. Vous pouvez aussi garnir les moules en métal de caissettes en papier.

6. Faites cuire de 30 à 40 minutes : le temps varie selon la taille des moules. Quand les muffins sont bien levés sans avoir pris trop de couleur, retirez-les du four et laissez-les tiédir. Dégustez tiède ou froid.

L'ASTUCE DE CHEF

Ces muffins sont aussi bons en dessert qu'au petit déjeuner ou à l'heure du thé. Le sarrasin est une graine saine et savoureuse qui gagne à être utilisée en pâtisserie.

Mousse au chocolat

APPORTS NUTRITIONNELS PAR PERSONNE

4 carrés de sucre

2,5 carrés de graisse

PRÉPARATION : 25 minutes / **CUISSON :** 4 heures minimum

Ingrédients pour 4 personnes

200 g de chocolat noir de bonne qualité (au moins 60 % de cacao)

4 œufs

1 pincée de sel

1 cuillerée à soupe de thé Earl Grey en vrac

1. Cassez le chocolat en morceaux et faites-le fondre au four à micro-ondes ou au bain-marie.

2. Déposez les feuilles de thé Earl Grey dans une petite tasse. Couvrez juste d'eau frémissante, laissez infuser 1 minute puis filtrez et gardez le liquide.

3. Séparez les blancs des jaunes d'œufs. Clarifiez les blancs (c'est-à-dire retirez les tortillons en filtrant les blancs à l'aide d'une petite passoire). Ajoutez le sel aux blancs et gardez le tout à température ambiante.

4. Quand le chocolat est fondu, lissez-le avec un fouet. Ajoutez un à un deux des jaunes d'œufs et l'infusion de thé Earl Grey.

5. Battez les blancs d'œufs en neige très ferme. À l'aide d'une spatule en caoutchouc, incorporez-les au chocolat fondu, en soulevant délicatement le mélange d'un geste circulaire. Quand l'ensemble est juste homogène (ne mélangez pas trop), versez la mousse dans un ou plusieurs récipients de service, couvrez ceux-ci de film étirable et gardez au moins 4 heures au réfrigérateur avant de servir.

L'ASTUCE DE CHEF

Vous pouvez remplacer le thé Earl Grey par une pincée de cannelle en poudre, de cardamome en poudre, une cuillerée à café d'extrait de vanille ou un peu de café espresso bien fort.

Soufflés vapeur au cacao

APPORTS NUTRITIONNELS PAR PERSONNE

6 carrés de sucre

1,5 carré de graisse

PRÉPARATION : 15 minutes / **CUISSON :** 12 à 14 minutes

Ingrédients pour 4 personnes

20 g de beurre
4 gros verres en Duralex®
100 g de chocolat au lait pour pâtisserie
3 cuillerées à soupe de cacao en poudre
150 g de crème pâtissière maison (voir la recette des coings au four à la grecque page 20)
3 blancs d'œufs à température ambiante
1 pincée de sel

L'ASTUCE DE CHEF

Vite faits avec un reste de crème pâtissière, ces soufflés « renversés » sont toujours très appréciés. Peu sucrés, ils mettent en valeur le goût du cacao.

1. Prenez une petite quantité du beurre pour beurrer l'intérieur des verres en Duralex® sur toute leur surface.

2. Dans un cul-de-poule placé sur une casserole d'eau juste frémissante, réunissez le chocolat cassé en petits morceaux, le cacao et 3 cuillerées à soupe d'eau. Laissez fondre en remuant souvent avec un fouet. Ajoutez la crème pâtissière, puis le reste de beurre en petits morceaux. Dès que l'ensemble est homogène, retirez du bain-marie.

3. Commencez à faire chauffer l'eau d'un cuit-vapeur, ou versez 2 cm d'eau dans le fond d'un tajine, couvrez celui-ci et faites chauffer sur feu moyen.

4. Ajoutez le sel aux blancs d'œufs et battez-les en neige ferme. Incorporez-les au mélange précédent avec une spatule en caoutchouc, d'abord un tiers puis les deux tiers restants.

5. Remplissez les verres à environ 3 cm du bord. Posez les verres dans le cuit-vapeur ou le tajine, couvrez et faites cuire de 12 à 14 minutes. Le soufflé doit bien dépasser des bords du verre.

6. Servez immédiatement, dans le verre ou démoulé sur une assiette (c'est encore meilleur).

Génoise au cacao

APPORTS NUTRITIONNELS PAR PERSONNE

8 carrés de sucre

0,5 carré de graisse

PRÉPARATION : 30 minutes / **CUISSON :** 20 à 25 minutes

Ingrédients pour 6 personnes

20 g de beurre pour le moule
4 œufs
120 g de sucre
120 g de farine + 30 g pour le moule
20 g de poudre de cacao

1. Commencez par préparer le moule à manqué : faites fondre les 20 g de beurre et badigeonnez-en soigneusement tout l'intérieur du moule au pinceau. Passez le moule 10 minutes au réfrigérateur pour figer le beurre, puis farinez-le : saupoudrez-le de farine, faites-le tourner pour répartir la farine, puis retournez-le pour éliminer l'excédent. Remettez le moule au frais.

2. Préchauffez le four à 180 °C (th. 6).

3. Dans un cul-de-poule ou un saladier posé sur une casserole d'eau frémissante (le fond du récipient ne doit pas toucher l'eau), fouettez les œufs et le sucre à l'aide d'un fouet électrique jusqu'à ce qu'ils soient légers et mousseux. Quand la température du mélange atteint les 40 °C (testez avec votre doigt : la mousse doit être chaude mais non brûlante), retirez le bol de la casserole et continuez de battre jusqu'au complet refroidissement du mélange. Bien entendu, un batteur électrique à bol chauffant est idéal pour l'ensemble de cette opération.

4. Tamisez la farine et le cacao sur ce mélange tout en le tournant délicatement avec une spatule en caoutchouc. Mélangez intimement mais sans insister. Versez la pâte dans le moule et faites cuire de 20 à 25 minutes au four. Testez la cuisson à l'aide d'une fine lame de couteau plongée au cœur du gâteau : elle doit ressortir sèche.

5. Démoulez le gâteau sur une grille et laissez-le refroidir.

L'ASTUCE DE CHEF

Si vous étalez cette pâte sur une grande plaque garnie de papier sulfurisé beurré au pinceau, vous obtiendrez de quoi faire un gâteau roulé : garnissez-le de compote de framboises ou de chocolat fondu. La cuisson sur plaque est alors de 10 à 15 minutes. Laissez refroidir dans la plaque puis roulez le gâteau en décollant le papier au fur et à mesure. La pâte à génoise est une pâte très aérienne et légère, parfaite pour combler l'envie de gâteau sans les inconvénients diététiques.

Gâteau au chocolat et au paprika

APPORTS NUTRITIONNELS PAR PERSONNE

4 carrés de sucre

1 carré de graisse

PRÉPARATION : 20 minutes / **CUISSON :** 25 à 30 minutes

Ingrédients pour 8 personnes

50 g de beurre + un peu pour le moule

50 g de farine + un peu pour le moule

1 cuillerée à soupe de paprika fumé espagnol (pimentón de la Vera fumé)

1 pincée de sel

1 sachet de levure chimique

3 œufs

70 g de sucre

100 g de chocolat noir

1. Préchauffez le four à 170 °C (th. 5-6). Beurrez l'intérieur d'un moule à cake, saupoudrez-le de farine, tapotez-le bien pour répartir celle-ci puis retournez le moule et tapotez-le de nouveau pour retirer l'excédent de farine. Gardez le moule au réfrigérateur.

2. Tamisez la farine avec le paprika, le sel et la levure chimique. Réservez.

3. Dans un saladier placé au bain-marie, ou au four à micro-ondes, faites fondre le chocolat avec le beurre. Mélangez bien.

4. Battez les œufs entiers avec le sucre à l'aide d'un batteur électrique jusqu'à ce que le mélange soit léger. Ajoutez le mélange beurre-chocolat sans cesser de battre, l'ensemble doit être homogène et avoir l'aspect d'une pommade. Enfin, ajoutez le mélange farine-sel-paprika-levure tout en battant jusqu'à ce que l'ensemble soit lisse et uniforme..

5. Versez le tout dans le moule et faites cuire de 25 à 30 minutes. Testez la cuisson avec la lame d'un couteau, qui doit ressortir propre. Laissez refroidir avant de démouler.

L'ASTUCE DE CHEF

Du paprika ! Parfaitement. Cette épice, surtout dans sa version fumée, possède un goût fruité qui s'allie très bien avec le chocolat. Ce gâteau vous surprendra et vous donnera envie de recommencer l'expérience. Vous trouverez le paprika fumé en grande surface (au rayon produits étrangers).

TABLE DES MATIÈRES

PRÉFACE 3

INTRODUCTION 6

FRUITÉS

Pêches aux macarons 15
Salade d'oranges marocaine 16
Poires au vin et à la lavande 19
Coings au four à la grecque 20
Mousse au citron vert 23
Parfait à la clémentine et au fruit de la passion 24
Tarte fine aux fraises 27
Croustillant aux pommes 28
Tartelettes aux pommes et au gingembre 31
Clafoutis aux abricots 32
Crêpes à l'orange sanguine 35

CLASSIQUES REVISITÉS

Les canelés de Mag 36
Crêpes à mille trous (*baghrir*) 39
Lait au gingembre façon cantonaise 40
Millassou à l'orange confite 43
Brioche irlandaise au thé (*barmbrack*) 44
Île flottante au café arabica 47
Panna cotta vanille-framboise 48
Flan caramélisé au thé vert 51
Tarte au fromage blanc et au miel 52
Muffins de sarrasin aux framboises 55

AU CHOCOLAT !

Mousse au chocolat 56
Soufflés vapeur au cacao 59
Génoise au cacao 60
Gâteau au chocolat et au paprika 63

Cet ouvrage a été achevé d'imprimer en avril 2014
sur les presses de l'imprimerie Pollina à Luçon
Dépôt légal : avril 2014
Imprimé en France par Pollina - L67540